知っておきたい
お金と経済

金融の仕組みとリテラシー

2

監修：泉 美智子

はじめに

　やがて社会人になると、みなさんは「世帯」をかまえます。世帯のお金の出入りを「家計」といいます。「働き」の報酬として「所得」を受け取り、所得の一部は公共サービスへの対価として、国や地方公共団体に税金や社会保険料をおさめます。手元に残る所得を「可処分所得」といい、食材費や家賃、衣服や雑貨の購入費、電車やバスの料金、その他の支払いなど、可処分所得の範囲内で「消費」します。可処分所得から消費を引き算した金額が「貯蓄」です。貯蓄がマイナスなら、預金をおろすか借金をしておぎないます。貯蓄がプラスなら、銀行に預ける、手元におく、ほかの金融商品を買うなどします。

　銀行に定期預金をしたり、株式などに投資したりしたお金は、企業に融資されます。融資の対価として、定期預金の場合は「利子」が、株式の場合は「配当金」が、あなたに支払われます。お金は経済の血液だといわれますが、以上のような循環をくりかえしているのです。

　血液の循環がとどこおれば人の命にかかわるように、お金の循環がとどこおると不景気になり、所得が減少します。お金の循環をできるかぎりスムースにし、モノやサービスの価格を安定させ、所得をふやすにはどうすればよいのかを教えてくれるのが金融・経済の仕組みです。

　本書では、みなさんが社会に出て自立するために必要なお金と経済の基礎知識を、図解やイラストなどを使ってわかりやすくまとめました。正しい知識を身につけて、将来の夢をかなえ、ゆたかな人生を送ろうと努力するみなさんを、監修者として心から応援しています。

子どもの環境・経済教育研究室

代表　泉 美智子

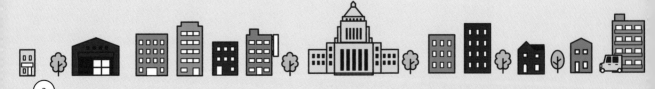

もくじ

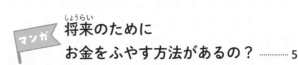

マンガ　将来（しょうらい）のために
お金をふやす方法があるの？　……………… 5

第2章 将来のお金と資産形成、金融リテラシー

将来のために お金をふやす方法があるの?

こまったわね〜!

ほとんどの野菜が値上がりしてる〜!

マサキ(小6)

野菜だけじゃないよママ! 見てよ! このおせんべい!

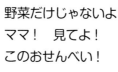

100円ならいつもと同じじゃないの?

ミレイ(中3)

ちがうのよーく見て!

1袋5枚入りだったのが、4枚にへっちゃってるの! これって、ひどくない?

前 5枚

今 4枚

うわっ! ほんとだ!

つまり…実質的な値上げってことね…!

パパのお給料も上がってるんでしょ?

も、もちろんだよ…ハハッ

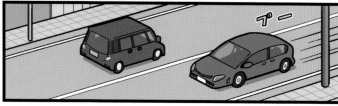

ブー

ミレイ、日本銀行って、知ってるかい？

ブブゥ

ぼく知ってる！お札を発行してるところだよね

うん、そうだね

ほかにも、日本全体の物価を安定させるために、お金の動きをコントロールしているんだ

景気がわるいときは、物価が下がらないようにコントロールし、

あがれ!!

物価

景気がいいときは、物価がどんどん上がらないようにしてるんでしょ？

物価

さがれ

よく知ってるなぁ〜

だって、学校で勉強したばっかりだもん！

つぎの日…

キンコーン

ガチャ

ねぇミレイ〜

受験する高校って、もう決めた？

ワイ

ワイ

ガヤ

まだだけど…

でも、将来やりたい仕事は決まってるよ。パパと同じ金融関係の仕事！

モグモグ

もう、そこまで考えてるの？

高校の授業では「金融教育」があるんだって！いいよねー！

お金の勉強するの今から楽しみなんだ〜

キンユウ教育？なにそれ？

キーンコーン

最近、お金とか、経済のニュースとかに興味がでてきたんだよねー

へぇー

じゃあ貯金してるの？

もちろん！

でも、貯金するだけじゃダメなんだって！

これからは「お金をふやす時代」らしいよ！ネットニュースでも書かれてたし！

18歳になったら成人だし、将来のお金のことも自分で考えないとね！

おお、たくましい！やる気だね!!

その夜

やっぱり年金だけじゃ老後は安心して生活できないみたい…

ミレイとマサキの教育費ももっと必要になるし、うちも資産形成を考えないとね

なに、なに？わたしに関係がある話？

うん、ミレイたちのためにもお金をふやす方法をママと相談してたんだ

ふーん、お金をふやす方法ね…

ポチ
ポチ

「NISA」っていう制度があるのか

わたしの貯金とかおこづかいでもはじめられるのかな…

NISAのこと、パパに聞いてみよう！

第1章
景気と金融政策、財政、社会保障

好景気と不景気

国の経済活動の状態には波がある

景気って、どういうこと？

お金に関係する言葉に「経済」があります。これは、生産から消費にいたる社会全体のことを広くとらえた言葉で、日本経済、世界経済などのように使われます。一方、経済全体の活発さをあらわすときには「景気」という言葉を使うことがあります。景気は、日本や世界の経済活動の具体的な状態をさします。

経済が活発な状態を好景気（好況とも）といい、「景気がよい」というように表現されます。商品がよく売れるので、企業の生産量は拡大し、仕事の量も働く人の数も増加します。また、賃金も上がれば、家計の収入も増加します。

逆に、経済が活発でない状態を不景気（不況とも）といい、「景気がわるい」というように表現されます。商品があまり売れないので、企業の生産量は縮小し、仕事の量が減少して、働く場をうしなった失業者が増加します。また、賃金が下がれば、家計の収入は減少します。

景気は、一定しているわけではなく、消費者が買い求めようとする需要や、企業が生産しようとする供給などの状況に応じて変化しています。好景気も不景気も永遠につづくことはありません。長い目で見れば、波のように交互にくりかえしていて、これを景気変動（景気循環）といいます。景気は変動しますが、景気をなるべく安定させるために、日本の政府と日本銀行は協力して政策をすすめています。

また、景気という言葉は、「日本の景気」というように、国全体の経済の状態をあらわして使うこともあれば、「自動車業界の景気」のように、業界の経済の状態をあらわして使うこともあります。

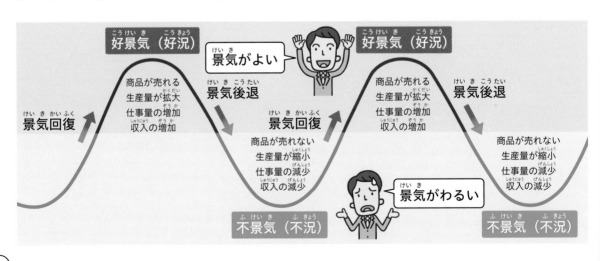

好景気（好況）　景気がよい　景気後退　景気回復
商品が売れる　生産量が拡大　仕事量の増加　収入の増加
商品が売れない　生産量が縮小　仕事量の減少　収入の減少
景気がわるい
不景気（不況）

インフレとデフレは、どう変化しているの？

好景気のときには、消費が活発になって商品がたくさん売れるため、企業の業績はよくなります。需要がふえて供給を上まわると、商品の価格が上昇するので、企業は利益を求めてさらに生産量をふやします。そして、市場への商品の供給量が増加しても需要量が多すぎると、物価※1が上昇しつづけるインフレーション（略してインフレ）がおこります。やがて、供給が需要を上まわると、商品はしだいに売れなくなって、景気は後退します。

さらに景気が悪化して不景気になると、消費が停滞して商品が売れなくなるため、企業の業績はわるくなります。需要がへって供給を下まわると、商品の価格が低下するので、企業は生産量をへらします。そして、市場への供給量が減少しても需要量が少なすぎると、物価が低下しつづけるデフレーション（略してデフレ）がおこります。やがて、需要と供給のバランスがとれるようになると、しだいに景気は回復し、企業は生産量をふやします。

こうして景気は、好景気→インフレ→後退→不景気→デフレ→回復→好景気……というように循環していきます。ただし、経済がグローバル化※2している現在、景気は、国内経済だけでなく、世界経済の動向によっても変化していきます。

※1 財やサービスの価格を全体としてとらえたもの。
※2 世界の一体化。人やモノ、お金などが国境をこえて、地球規模で広がっていくこと。グローバリゼーションともいう。

景気のサイクル
好景気・景気の後退・不景気・デフレ・景気の回復・インフレ

好景気と不景気が交互にくりかえされる景気の変動や循環は、上の図のようにあらわすことができる。インフレとデフレが毎回おこるわけではない。

インフレーションの特徴

利点	欠点
商品が売れる	物価が上がる
企業の業績がよくなる	現金の価値が下がる
収入（給料など）がふえる	金利が上がる
株価が上がる	
求人募集がふえる	
失業者がへる	

デフレーションの特徴

利点	欠点
物価が下がる	商品が売れない
現金の価値が上がる	企業の業績がわるくなる
金利が下がる	収入（給料など）がへる
	株価が下がる
	求人募集がへる
	失業者がふえる

考えよう！ 調べよう！

- 現在の日本の景気が、好景気か不景気か考えてみよう！
- 日本の景気がよかった時代、わるかった時代について調べてみよう！

第1章 ¥ 景気と金融政策、財政、社会保障

景気の動向と経済成長

景気は国の経済成長を左右する

日本の景気は、どう変化してきたの?

第二次世界大戦が終結した1945年以降、日本は敗戦から立ち直り、世界有数の経済大国へと大きく発展しました。しかし、その過程は、つねに順調だったわけではありません。

1955年以降の高度経済成長とよばれた時期、国内総生産（GDP[※1]）は、年平均10％程度の成長をつづけていました。しかし、1973年、原油価格の大幅な上昇によって、第一次石油危機（オイルショック）がおこると、翌年にはマイナス成長に転落してしまいます。

その後は、比較的安定した成長をつづけましたが、1980年代後半、地価や株価が異常に高くなるバブル景気（バブル経済）[※2]をむかえます。しかし、1991年には、その好景気は崩壊し、地価も株価も急激に低下して、平成不況とよばれる不景気にみまわれます。以降、日本は低成長時代をむかえることになります。

2008年には、アメリカの住宅バブルの崩壊から株価の暴落が世界に広がり、世界金融危機が発生しました。2020年には、新型コロナウイルス感染症がパンデミックをひきおこし、日本経済は大きな痛手を受けましたが、現在は立ち直りつつあります。

※1 Gross（総量）Domestic（国内）Product（生産）の略。
※2 バブルは泡のこと。泡のように景気がふくらんだが、はじけて終わったことから、こうよばれる。

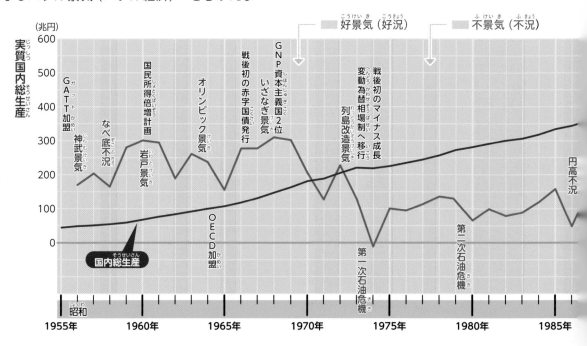

日本の国内総生産と経済成長率の推移

国内総生産と経済成長率の関係は？

国の経済規模をあらわす指標に「国内総生産（GDP）」があります。これは、一定期間にうみだされた財やサービスの価値（付加価値）の合計を数字であらわしたものです。

たとえば、パン1個の価格が250円だとします。そのパンを製造するために、原材料費（小麦粉やバターなど）、水道光熱費などの費用が100円かかったとすると、差額の150円がパンの付加価値になります。

このような付加価値を、国の経済全体で合計したものがGDPになります。また、対象期間のGDPの伸び率を経済成長率といい、GDPが大きくなっていればプラスとなり、小さくなっていればマイナスとなります。

たとえば、2020年のGDPが100兆円で、2021年が105兆円に拡大していれば、1年の経済成長率はプラス5％です。逆に97兆円に縮小していればマイナス3％です。

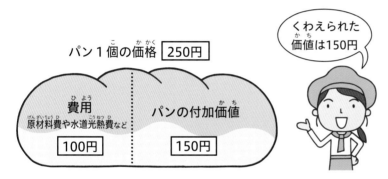

パン1個の価格　250円

費用
原材料費や水道光熱費など
100円

パンの付加価値
150円

くわえられた価値は150円

国別GDPランキング（2022年）
国際通貨基金（IMF）2023年6月発表

順位	国名	金額（億ドル）
1位	アメリカ	268,546
2位	中国	193,736
3位	日本	44,097
4位	ドイツ	43,089
5位	インド	37,369
6位	イギリス	31,589
7位	フランス	29,235
8位	イタリア	21,697
9位	カナダ	20,897
10位	ブラジル	20,812

IMFによると、日本の2023年のランキングは4位になることが予測されている。

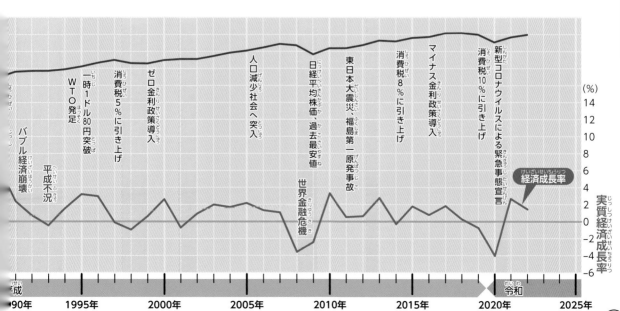

バブル経済崩壊
平成不況
WTO発足
一時1ドル80円突破
消費税5％に引き上げ
ゼロ金利政策導入
人口減少社会へ突入
世界金融危機
日経平均株価・過去最安値
東日本大震災・福島第一原発事故
消費税8％に引き上げ
マイナス金利政策導入
消費税10％に引き上げ
新型コロナウイルスによる緊急事態宣言
経済成長率

（％）
14
12
10
8
6
4
2
0
-2
-4
-6

実質経済成長率

平成　令和

1990年　1995年　2000年　2005年　2010年　2015年　2020年　2025年

日本銀行の金融政策

中央銀行が国の経済の安定をささえている

日本銀行の役割って、なんだろう？

日本銀行（日銀）は、日本で唯一の中央銀行※1です。ほかの金融機関とはちがう3つの役割をもっています。

1つめは、日本銀行法にもとづいて、日本銀行券の発行がゆるされた発券銀行としての役割です。古くなった紙幣（お札）を回収し、新しい紙幣を供給するなど、紙幣の発行や管理をおこなっています。現行の日本銀行券は4種類あり、国立印刷局によって製造されています。なお、日本の硬貨は、造幣局が製造し、政府が発行しています。

2つめは、銀行の銀行としての役割です。一般銀行にお金を貸し出したり、一般銀行のお金を受け入れたりしています。日本銀行に口座を開設しているのは日本政府や金融機関、国際機関などで、個人は開設できません。

3つめは、政府の銀行としての役割です。税金や社会保険料、年金などの国庫金を預かり、国債の発行や元利金の支払いなどをおこなうなど、政府の資金を管理する立場にあります。

国民が安心して生活するには、物価の変動が少なく、景気が安定していることがのぞましいといえます。それを実現させるために、日本銀行は、日本の中央銀行として、重要な金融政策をおこなっています。基本的には、不景気のときは、経済活動がさかんになるようにみちびくことで、物価が下がらないようにし、好景気のときには、経済活動をおさえるようにみちびくことで、物価が上がりにくくします。

※1 中央銀行と日本銀行については、このシリーズの第1巻『お金の役割と金融機関』でも紹介している。

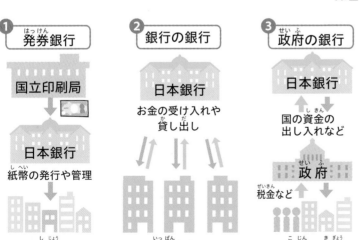

① 発券銀行
国立印刷局
↓
日本銀行
紙幣の発行や管理
↓
市場

② 銀行の銀行
日本銀行
お金の受け入れや貸し出し
⇅ ⇅ ⇅
一般銀行

③ 政府の銀行
日本銀行
国の資金の出し入れなど
⇅
政府
税金など
↑
個人・企業

建築家の辰野金吾によって設計された日本銀行の本店。上空からは屋根の形が「円」に見えるが、意図して設計したものではないという。

公開市場操作って、どういうこと？

日本銀行がおこなう金融政策の1つに、景気を安定させるための公開市場操作（オペレーション）があります。

不景気（不況）のとき、日本銀行は、一般銀行から国債※2などを買い入れ、その代金を支払います。そうすると、一般銀行のお金がふえて、企業へ貸し出せる資金量が増加します。一般銀行が貸出をふやそうとして金利を下げると、資金を借りやすくなって、企業の生産活動が活発になり、しだいに景気が回復していきます。このように、一般銀行が貸し出せる資金量をふやすことで景気を回復させる方法を量的緩和といいます。

逆に、好景気（好況）のとき、日本銀行は、一般銀行に国債などを売り、その代金を支払わせます。そうすると、一般銀行のお金がへって、企業へ貸し出せる資金量が減少します。貸出をおさえようとして、一般銀行が金利を上げると、資金を借りにくくなって、企業の生産活動が縮小され、しだいに景気が後退していきます。このように市場の資金量をへらすことで景気をおさえる方法を金融引き締めといいます。

日本の経済政策は、日本銀行がおこなう金融政策と、政府がおこなう財政政策→p18を組み合わせることによってすすめられています。

※2 資金を調達するなどの目的で国が発行する債券のこと。

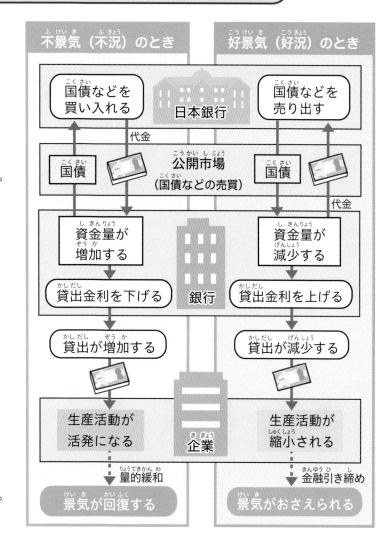

不景気（不況）のとき
- 国債などを買い入れる
- 日本銀行
- 代金
- 国債
- 公開市場（国債などの売買）
- 資金量が増加する
- 貸出金利を下げる
- 銀行
- 貸出が増加する
- 生産活動が活発になる
- 企業
- 量的緩和
- 景気が回復する

好景気（好況）のとき
- 国債などを売り出す
- 国債
- 代金
- 資金量が減少する
- 貸出金利を上げる
- 貸出が減少する
- 生産活動が縮小される
- 金融引き締め
- 景気がおさえられる

考えよう！
調べよう！

- ✅ 国のゆたかさと、国民生活のゆたかさのちがいについて考えてみよう！
- ✅ 日本銀行が発行する紙幣について、いろいろ調べてみよう！

価格と物価、消費者物価指数

総合的なモノの価格によって物価が決まる

価格と物価のちがいって、どういうこと？

テレビやインターネットのニュースで「トマトの価格（値段）が上がった」と伝えていることがあります。一方で「物価が上がった」ということもあります。価格と物価について、それぞれの意味やちがいを考えてみましょう。

価格は、トマト1パックの値段が200円、遊園地の入場料が4500円というように、それぞれを購入したり、利用したりするときに支払う金額のことです。個別の商品（財やサービス）の価値を貨幣であらわしたものといえます。

これらの販売価格を決めるのはスーパーマーケットの店主や遊園地の運営会社ですが、広くとらえれば、市場経済の原理である需要と供給の関係などによって決まります。価格が高すぎれば、トマトは売れ残りますし、遊園地の入場者数は減少します。

一方、物価は、さまざまな商品の価格を集めて平均した指標です。財やサービスの価格を全体としてとらえたものといえます。したがって、「トマトの価格」とはいいますが、「トマトの物価」とはいいません。

「物価が上がった」と感じるのは、野菜や衣類の値段、電気や映画鑑賞の料金、地下鉄やタクシーの運賃など、さまざまなものの価格が全体的に上がったときです。物価が上がる（物価の上昇）と、同じ金額を支払っても購入できる商品の量はへり、物価が下がる（物価の下落）と購入できる量はふえます。

また、全国の消費者が購入する商品を平均したものを消費者物価といいます。

価格 店主が値段を決める
（需要と供給の関係で決まる）

よし！　安いと売れる

えっ…！　高いと売れない

200円　　350円

物価 さまざまな商品の平均した価格

物価の上昇　購入できる量がへる

物価の下落　購入できる量がふえる

200円　　200円

消費者物価指数って、なにをあらわしているの？

市場において、商品の価格は、高くなったり、安くなったりしています。そのため、現在の景気がどうなっているかを知りたいときは、個別の商品の価格を調べてもわかりません。

そこで、さまざまな商品の価格をまとめた物価を調べます。物価も高くなったり、安くなったりしていますが、多くの商品の価格を平均した指標なので、景気の判断に役立つわけです。物価が安いと生活が楽になり、高いと苦しくなります。物価は、わたしたち消費者の生活に大きな影響をおよぼしているのです。

物価の変化を比率であらわしたものに消費者物価指数[1]があります。これは、ある時点の指数を基準にして、それとくらべたときの比率として判断するのが一般的です。たとえば、前年（前月）よりも、今年（今月）は、どれくらい上昇したか、下落したかというように判断します。消費者物価指数は、毎月、総務省から発表され、国や地方公共団体の政策や、企業の経営などにも役立てられています。

下のグラフは、2020年を基準にして、その年の物価を100とした場合の消費者物価指数の変化をあらわしたものです。このように長い期間のデータを見てみると、日本全体の景気の動向や物価の変化がわかります。

※1 とくに重要な約600品目の価格をもとに算出される。基準となる年は、5年ごとに改定される。

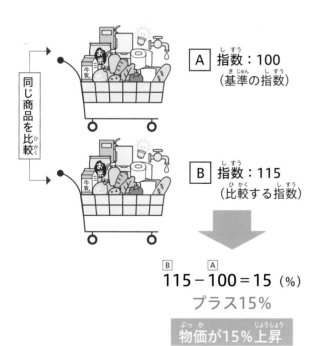

同じ商品を比較

A 指数：100
（基準の指数）

B 指数：115
（比較する指数）

B　A
115－100＝15 （%）
プラス15%

物価が15%上昇

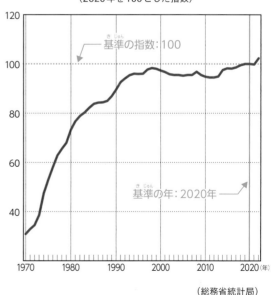

日本の消費者物価指数 (総合)
（2020年を100とした指数）

基準の指数：100

基準の年：2020年

（総務省統計局）

 考えよう！
 調べよう！

✓ 上のグラフを見て、モノの値段やお金の価値が、今と昔でどう変化したか考えてみよう！

✓ ハンバーガーの値段や動物園の入園料が、今と昔でどうちがうか調べてみよう！

経済をささえる財政と税金

財政と税金の仕組みによって国が活動している

財政の仕組みは、どうなっているの？

政府は、国や地方の政治を担う存在であり、家計・企業とともに経済をささえる経済主体の1つでもあります。政府（国や地方公共団体）の経済活動を財政[※1]といいます。

政府は、家計や企業から集めた税金[※2]を使って、教育や福祉などの公共サービスを提供し、公共事業や社会保障、防衛などの費用として支出しています。政府の仕事は公共の利益を目的としているため、その費用を税金として国民に負担させているわけです。

公共サービスの提供は、民間企業だけにまかせるような性質のものではなく、政府の仕事としておこなうのが適切です。このような財政の役割を資源配分といいます。

また、人によって所得（収入）に格差があっても、すべての国民が安定した生活を送れるよ

うにするのも政府の仕事です。そのため、政府は社会保障→p22や税金の仕組みを整備しています。このような財政の役割を所得の再分配といいます。

国民が安心して生活するには、極端な不景気や好景気はこのましくありません。そのため、不景気であれば、政府は、社会資本[※3]の整備への支出（公共投資）を増加させて、業務を受ける民間企業の仕事をふやしたり、減税によって消費活動を活発化させたりして景気を回復させます。好景気であれば、逆に公共投資を減少させ、増税を実施するなどして景気をおさえようとします。このように景気を安定させる政策を財政政策といいます。政府がおこなう財政政策は、日本銀行がおこなう金融政策とともに、日本の経済政策の柱になっています。

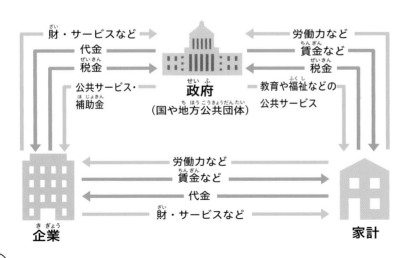

財・サービスなど
代金
税金
公共サービス・補助金

労働力など
賃金など
税金
教育や福祉などの公共サービス

政府
（国や地方公共団体）

労働力など
賃金など
代金
財・サービスなど

企業

家計

公共サービス
警察、消防、ごみの収集、学校教育、社会保障など
社会資本[※3]
公園、道路、港湾、ダム、橋、水道、学校など

※1 地方公共団体（都道府県や市区町村）の財政を「地方財政」という。
※2 租税または税ともいう。
※3 インフラ（infrastructureの略）ともいう。国民生活の基盤となる公共的な施設やサービスなど。

税金の分類（一部）

※青い文字は「住民税」。

	直接税	間接税
国税	所得税、法人税、相続税、贈与税 など	消費税、酒税、たばこ税、関税 など
地方税 道府県税	道府県民税、事業税、自動車税など	地方消費税、道府県たばこ税、ゴルフ場利用税 など
地方税 市町村税	市町村民税、固定資産税、軽自動車税など	市町村たばこ税、入湯税 など

直接税
担税者・納税者 → 納税 → 政府

間接税
担税者 → 1100円 支払い（かき氷 1000円 ＋ 消費税10% 100円）→ 納税者（消費税100円）／ かき氷店 → 商品（店内飲食）→ 担税者／ 納税者 → 納税 → 政府

通常の消費税率は10%だが、外食にあたらない飲食料品（テイクアウトやデリバリーなど）は軽減税率が適用されて8%になる。

日本の税金は約50種類あり、国におさめる国税と、地方公共団体におさめる地方税にわけられます。国税には、給与にかかる所得税や、企業の利益にかかる法人税、遺産相続にかかる相続税などがあります。地方税には、住民税のほか、土地や家屋にかかる固定資産税、自動車にかかる自動車税などがあります。

税金は、お金を負担する担税者と、お金をおさめる納税者の関係でもわけられます。「担税者と納税者が同じ税金」を直接税といい、所得税や法人税がふくまれます。それに対し、「担税者と納税者が異なる税金」を間接税といい、消費税や酒税がふくまれます。

たとえば、買い物をした人は消費税を負担して、商品の代金といっしょに支払いますが、その時点で納税をしているわけではありません。消費税を預かった店が後日、政府に納税しているのです。

税金の公平性について考えよう！

財政に必要な税金は、公共サービスを受ける国民が公平に負担するのが理想です。しかし、人によって収入や所得がちがうので、全員に同じ金額を負担させることはできません。

所得税などの直接税には、所得が多い人ほど税率（税金の割合）が高くなる累進課税が採用されています。これにより、高所得者が多くの税金を負担し、低所得者の負担を軽くすることで、同様の公共サービスを受けられるようにしています。

消費税などの間接税は、所得に関係なく税率は同じで、同じ金額の商品を購入した場合には、みんなが同額の税金を負担します。この場合は、所得の低い人ほど所得にしめる税金の割合が高くなる逆進性の問題があります。

日本の税制（税金の制度）は、さまざまな税金を組み合わせることで、なるべく公平性をたもつようにくふうされています。より公平な税制にするには、どうしたらよいか考えてみましょう。

税金の公平性については『知ろう！学ぼう！税金の働き 税金の基本と仕組み』（金の星社）でくわしく紹介している。

財政と日本の将来

日本の財政は巨大な借金をかかえている

日本の財政は、どうなっているの？

国の一般会計　令和5年度（2023年）当初予算

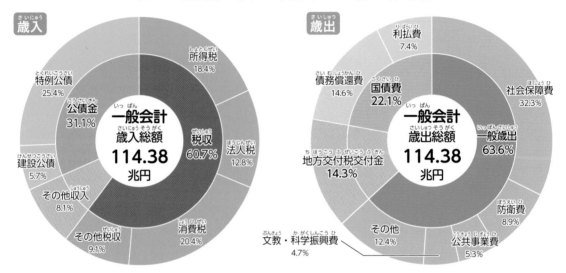

歳入

- 特例公債 25.4%
- 公債金 31.1%
- 建設公債 5.7%
- その他収入 8.1%
- その他税収 9.1%
- 消費税 20.4%
- 法人税 12.8%
- 所得税 18.4%
- 税収 60.7%

一般会計 歳入総額 **114.38** 兆円

歳出

- 利払費 7.4%
- 債務償還費 14.6%
- 国債費 22.1%
- 地方交付税交付金 14.3%
- その他 12.4%
- 文教・科学振興費 4.7%
- 公共事業費 5.3%
- 防衛費 8.9%
- 社会保障費 32.3%
- 一般歳出 63.6%

一般会計 歳出総額 **114.38** 兆円

政府の年間の収入を歳入、支出を歳出といい、両者の金額は同じになります。政府の財政活動は、1年間の歳入と歳出の見積もりである予算にそっておこなわれます。予算には、日常的な活動にあてる一般会計予算と、特別な目的にあてる特別予算があります。

一般会計予算を見ると、歳入の中心が税金による税収であることや、各税金の内訳などがわかります。所得税・法人税・消費税は歳入の約半分をしめていて、税収の約8割にあたります。また、歳入の約3割をしめる公債金は、国の借金にあたる国債による収入です。国の財政は、税収とその他の収入でまかなうべきですが、実際には約7割しかまかなえていません。

歳出からは、税金の使い道がわかります。高齢化がすすむ日本では、社会保障費に全体の約3分の1の費用がかかっています。また、約4分の1は国債費です。これは、過去に国がつくった借金の返済と利息の支払いのための費用で、おどろくほどの大金がついやされています。

予算は、政府が提出した予算案をもとに、議会（国会）での審議や議決をへて決定されます。主権者[1]である国民は、国のお金がどう使われているのか、知っておく必要があります。

※1 主権をもつ者のこと。主権は国を統治する権力であり、日本国憲法では国民に主権があることをさだめている。

日本の将来は
だいじょうぶ？

ちょっと心配
なんだけど…

日本の財政の問題を知っておこう！

政府の支出である歳出に対して、税収が十分でなく、収入である歳入ではまかなえない状態を財政赤字といいます。そのような場合に、政府は公債を発行し、企業や家計に買い取ってもらう方法で、不足分をおぎないます。公債のうち、国債は国の借金、地方債は地方公共団体の借金です。

日本は深刻な財政赤字がつづいたため、国は、毎年のように多くの国債を発行してきました。その結果、国債残高がGDP（国内総生産）の2.5倍にふくらみ、巨額の借金をかかえる借金大国になっています。世界の主要国も少なからず借金をかかえていますが、日本はきわめて高い水準にあります。

お金を借りると、元金（元本）を返済し、さらに利子も支払わなければなりません。日本の財政は、歳出の不足分の穴埋めのために、さらに借金をかさねているのが現実です。

公債を発行すると、その返済には長い年月がかかります。借金は、将来の世代の大きな負担になるため、慎重におこなわれなければいけません。わたしたちは、のちの世代のことも視野に入れて、日本の財政問題の解決方法を考えていく必要があります。

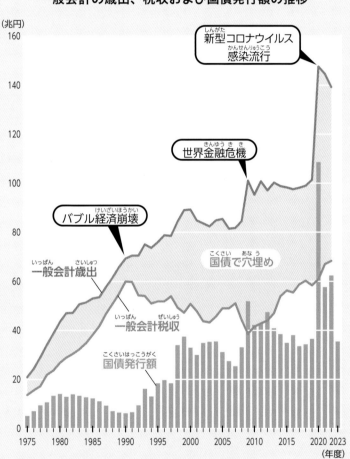

一般会計の歳出、税収および国債発行額の推移

（兆円）

- 新型コロナウイルス感染流行
- 世界金融危機
- バブル経済崩壊
- 国債で穴埋め
- 一般会計歳出
- 一般会計税収
- 国債発行額

1975 1980 1985 1990 1995 2000 2005 2010 2015 2020 2023（年度）

1日・1時間・1分・1秒あたりの国債費

令和5年度予算の国債の元金返済や利子の支払いにかかる費用から算出。

日	時	分	秒
1日あたり 約692億円	1時間あたり 約28.8億円	1分あたり 約4804万円	1秒あたり 約80万円

日本の社会保障制度

すぐれた制度によって安心して生活できる

社会保障の仕組みは、どうなっているの？

わたしたちは、突然のけがや事故、病気、勤め先の会社の倒産や解雇による失業など、思いがけない事態によって、急に支出がふえたり、収入が途絶えたりすることがあります。そうなると、生活がままならなくなり、将来に不安をおぼえるかもしれません。そうした場合に、社会を構成するみんながおたがいにたすけあうという相互扶助や社会連帯の仕組みとして、社会保障制度があります。

日本の社会保障制度は、日本国憲法がさだめる生存権※1の考えにもとづくもので、社会保険、公的扶助、社会福祉、保健医療・公衆衛生の4つが基本になっています。

なかでも、中心になっているのが社会保険で

す。保険とは、さまざまなトラブルに対処するために、あらかじめそなえておく制度です。みんなで保険料をだしあって、トラブルにあった人が保険金を受け取れる仕組みです。

保険には、民間企業が運営する民間保険※2もあります。保険への考え方は同じですが、公的保険である社会保険への加入が法律によって義務づけられているのに対し、民間保険は、自分の意思で自由に選択して加入できるというちがいがあります。

※1 日本国憲法・第25条の「すべて国民は、健康で文化的な最低限度の生活を営む権利を有する」のこと。日本では、だれにも最低限度の生活をいとなむ権利が保障されている。
※2 民間保険（生命保険・損害保険）については、このシリーズの第1巻『お金の役割と金融機関』で紹介している。

日本の社会保障制度

制度	負担	内容	概要
社会保険	保険料	医療保険、年金保険、介護保険、雇用保険、労災保険	みんなで保険料をだしあい、病気やけが、失業、高齢になったときに給付やサービスを受ける。
公的扶助	公費（税金）	生活保護（生活扶助、住宅扶助、教育扶助、医療扶助など）	貧困や低所得などによって、最低限度の生活が送れない人に生活費などを給付する。
社会福祉		保育・児童福祉、母子・寡婦福祉、高齢者福祉、障害者福祉	高齢者、障害者、保育や保護の必要な子がいる家庭などに保護や援助をおこなう。
保健医療・公衆衛生		予防接種、公害対策、伝染病予防、下水道整備、ペットの保護	病気の予防や衛生状態の改善・整備をおこない、地域社会の生活の基盤をととのえる。

社会保険の仕組みは、どうなっているの?

わたしたちは、病気にかかると病院で診察や治療を受け、薬局で薬をもらいます。そのとき、病院や薬局でいくらかのお金を支払いますが、じつは、かかった費用のすべてを負担しているわけではありません。社会保険加入者である本人(被保険者)は一部を負担するだけで、社会保険のうちの医療保険(下の図参照)によって残りの費用がまかなわれ、支払いが高額にならないようになっているのです。

社会保険には、高齢者や障害のある人が給付を受けられる年金保険や、生活のために必要な介護サービスを受けられる介護保険などがあります。いずれも保険ですから、給付金やサービスを受けるためには、加入して保険料をおさめ

ていることが必要です。

また、社会保障制度のうち、公的扶助、社会福祉、保健医療・公衆衛生は、すべての国民の健康と安全にかかわるため、税金を使って運営されています。

公的扶助は、だれでも最低限度の生活をいとなめるようにするものです。生活保護法にもとづいて、生活費や教育費などを支給します。

社会福祉は、社会的弱者ともよばれる高齢者や障害者、保育や保護を必要とする子どもなどのために、保護や援助をおこないます。

保健医療・公衆衛生は、国民の健康のために、生活環境の改善や感染症の予防などをおこないます。

医療保険の仕組み

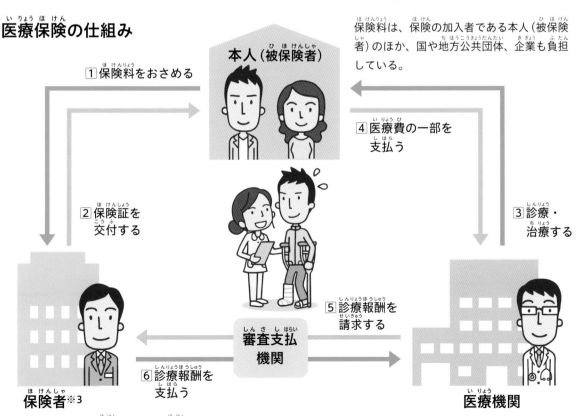

保険料は、保険の加入者である本人(被保険者)のほか、国や地方公共団体、企業も負担している。

本人(被保険者)

① 保険料をおさめる

④ 医療費の一部を支払う

② 保険証を交付する

③ 診療・治療する

⑤ 診療報酬を請求する

審査支払機関

⑥ 診療報酬を支払う

保険者※3

医療機関

※3 全国健康保険協会、健康保険組合、市区町村など。

少子高齢化と社会保障制度

社会保障制度の維持が心配されている

少子高齢化と超高齢社会とは?

国の人口にしめる若者の割合が低下し、高齢者[1]の割合が上昇することを少子高齢化といいます。生まれる子どもの数と人口にしめる若者の割合が低くなる少子化と、高齢者の数と人口にしめる高齢者の割合が高くなる高齢化が同時にすすむ状況で、多くの先進国で見られます。なかでも日本はきわだっています。

2023年5月現在、日本の15歳未満の年少者が人口にしめる割合は11.5%、高齢者は29.1%で、高齢者は年少者の約2.5倍です。日本の少子高齢化の傾向は、今後もつづくと予想され、大きな問題と考えられています。

人口にしめる高齢者の割合を高齢化率といい、その割合によって、社会の高齢化の進行具合を分類します。日本の高齢化率は29%以上あって、世界一の超高齢社会となっています。

高齢化率	分　類
7%以上	高齢化社会
14%以上	高齢社会
21%以上	超高齢社会

※1 世界保健機関（WHO）では、高齢者（老人・お年寄りとも）を65歳以上と定義している。

高齢化の推移と将来推計

「令和5年版 高齢社会白書」（内閣府）

このまま少子高齢化がすすめば、2070年には、日本の人口は約8700万人になり、65歳以上の人口は約4割に達すると推計されている。

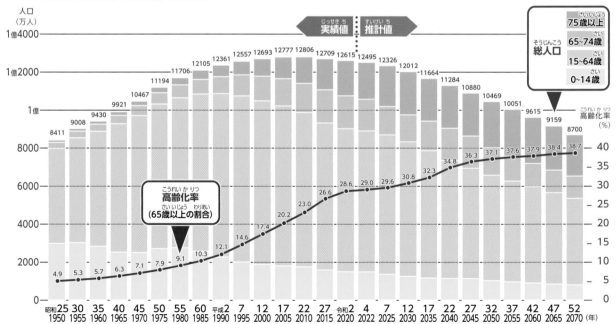

少子高齢化と社会保障制度の問題とは？

日本は長寿国として知られ、平均寿命では世界1位をほこります。日本の平均寿命が長い要因の1つとして、医療を受けやすい環境があげられます。日本では、すべての国民が公的な医療保険に加入しているため、だれもが安心して医療を受けることができます。これを国民皆保険といいます。また、20歳以上60歳未満のすべての人が公的な年金保険に加入しているため、高齢者や障害者になっても生活が保障されています。これを国民皆年金といいます。こういった社会保障制度によって、安心して長生きできるのです。

一方、15歳未満の子どもの数は1982年から減少しつづけています。また、1人の女性が生涯にうむ子どもの数の推計である合計特殊出生率※2は、約50年間も低水準がつづいています。

将来にわたって、現在の人口を維持するためには2.1程度が必要とされていますが、1975年以降、ずっと2.0を下まわっています。

日本の社会保障制度はすばらしいものですが、給付を受ける高齢者が増加しているにもかかわらず、保険料や税金を負担する現役世代の人口が減少していることが問題です。保険料や税金を上げれば現役世代の負担が増加しますが、上げなければ高齢者が受ける給付水準が低下し、生活できない人があらわれるかもしれません。

少子高齢化の進展によって、社会保障費は増加をつづけていて、財政を圧迫しています。持続可能な社会にしていくためにも、どのように社会保障制度を維持していくのか、日本の大きな課題になっています。

※2 15〜49歳までの女性の年齢別出生率を合計したもの。

日本の年金の仕組み

高齢世代
現在の
受給者

保険料

現役世代
現在の
負担者

働いている現役世代がおさめた保険料を、その時点の高齢世代への支払いにあてている。

将来、現役世代で高齢者をささえられるの？

「令和3年版 高齢社会白書」より

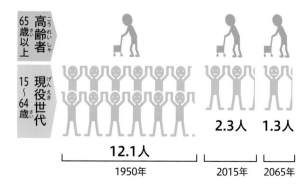

高齢者 65歳以上

現役世代 15〜64歳

12.1人　1950年
2.3人　2015年
1.3人　2065年

上の図は、高齢者1人を何人の現役世代でささえるのかをあらわしている。2065年は、およそ1人の現役世代が高齢者1人をささえなくてはいけなくなる。

グローバル経済と為替レート

貿易の自由化が世界的に加速している

グローバル化すると、世界経済はどうなるの？

　国と国のあいだで、商品（財やサービス）を売ったり買ったりする取引を貿易といいます。外国から商品をもちこむことを輸入、外国にもちだすことを輸出といい、まとめて輸出入といいます。

　地下資源にとぼしい日本の貿易は、石油や石炭、鉄鉱石などの原材料を輸入し、それを加工して製品を輸出するという加工貿易に特徴がありました。加工貿易は、日本の経済成長をささえ、輸出額が輸入額を上まわる貿易黒字がつづきましたが、原材料の値上がりや輸入量の減少などの影響を受けることが多いという問題がありました。

　1980年代後半以降、先進国の企業が安い労働力や大きな市場を求めて開発途上国や新興国[1]に進出するようになり、また、新興国が国際貿易にくわわるようになると、経済のグローバル化[2]が急速にすすみました。グローバル化とは、人やモノ、情報、お金などが、国境をこえて地球規模で行き来して広がっていくことです。

　グローバル化を進展させるためには、自由な経済活動を実現すること、つまり貿易の自由化が必要です。これは、輸出入のさまたげになる関税[3]や規制をなくしたり、へらしたりすることです。貿易の自由化がすすむと輸出入はしやすくなりますが、国内の産業が影響を受けることもあります。そのため、輸入に制限をかけるなど、国内産業を保護する動きもあります。

※1　先進国よりも経済水準は低いものの、高い成長率をみせる国々。
※2　globalは、地球規模であることを形容する言葉。
※3　輸入品・輸出品にかかる税金。

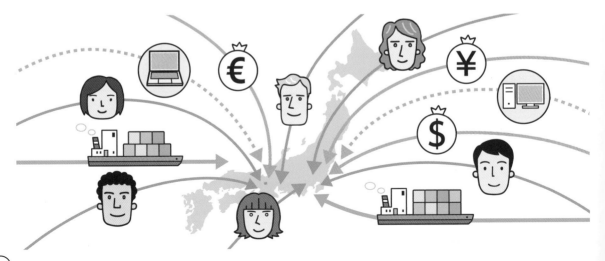

グローバル化がすすむと、世界中の商品を入手しやすくなり、消費者としては便利になります。一方で、よりよく安い商品を提供しようとして国際競争がはげしくなります。また、世界の国や企業が、得意な分野に力をそそぎ、競争力の弱い分野をほかの国や企業にたよるようになるので、国際分業が進展します。

国際分業は、資本や労働力の移転を容易にします。日本では、国内生産が中心の企業が、生産拠点を海外にうつして現地生産に力を入れるようになりました。しかし、製造技術が海外に流出し、国内産業が衰退するという産業の空洞化が問題になりました。そして、輸入額が輸出額を上まわる貿易赤字におちいって、2022年には過去最大の貿易赤字を記録しています。

経済のグローバル化、貿易の自由化により、多国籍企業をはじめ、世界で事業を展開する企業が増加し、効率よく大きな利益をあげるようになりました。また、国境をこえた投資がさかんになり、近年の情報通信技術（ICT）の進歩もあって、国際的にも大規模な資金のやりとりがおこなわれるようになっています。

為替レートについて知っておこう！

テレビのニュースで「東京外国為替市場で円安がすすみ、1ドル＝150円になりました」などと、為替レート（為替相場）が伝えられます。為替レートは、円とドル※4、円とユーロなどの異なる通貨同士の交換比率のことです。海外旅行にでかけたり、外国企業と取引をしたりするときには、日本の円と外国の通貨を交換することになります。

為替レートは、経済状況にともなう通貨の需要と供給の関係で変動（変動相場制）し、貿易に大きな影響をおよぼします。外国通貨に対する円の価値が高くなることを円高といい、逆に低くなることを円安といいます。多くの外国企業が日本の商品を輸入するために、アメリカの「ドル」を売って、日本の「円」を買えば、ドルの価値が下落し、円の価値が上昇します。これを「円高・ドル安」といいます。

おもな通貨

国・地域	通貨	記号
日本	円	¥
アメリカ	ドル	$
欧州連合（EU）	ユーロ	€
中国	元（人民元）	¥
イギリス	ポンド	£

※4 アメリカやカナダ、オーストラリアなどの通貨単位だが、通常はアメリカのドル（米ドル、USドルとも）をさす。

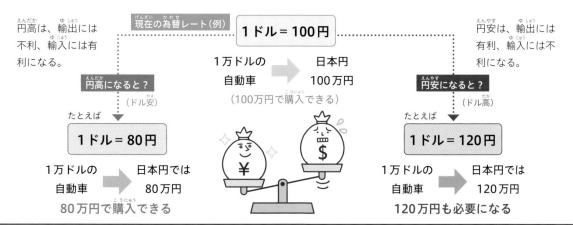

円高は、輸出には不利、輸入には有利になる。

現在の為替レート（例）　1ドル＝100円

1万ドルの自動車 → 日本円100万円
（100万円で購入できる）

円高になると？（ドル安）

たとえば　1ドル＝80円

1万ドルの自動車 → 日本円では80万円
80万円で購入できる

円安は、輸出には有利、輸入には不利になる。

円安になると？（ドル高）

たとえば　1ドル＝120円

1万ドルの自動車 → 日本円では120万円
120万円も必要になる

ゆたかさと幸福って、どういうこと？

　生産から消費にいたる活動をとおして、生活をゆたかにする仕組みを経済といいます。では、経済とゆたかさには、どういう関係があるのでしょうか？

　国の経済規模をあらわす指標にGDP（国内総生産）があります。日本のGDPは、2010年以降は世界3位でしたが、2023年（速報値）にはドイツにぬかれて4位になりました。日本は世界でもゆたかな国の1つとはいえますが、わたしたち個人が感じるゆたかさとはちがいます。

　右の表は、国別の幸福度ランキング※1です。これは、「社会的支援」「健康寿命」「人生の選択の自由度」「寛容さ」「腐敗の少なさ」について、約150か国・各1000人の満足度を調査し、幸福の程度に順位をつけたものです。上位は北ヨーロッパの高福祉国家がしめていますが、同様に社会保障が充実している日本は47位で、上位とはいえません。

　総務省は、満足度・生活の質に関する調査結果※2を発表しています（右下のグラフ）。これは、家計や住宅、子育て、安全などの13分野（0〜10点で回答するなど）について、約1万人にインターネットで調査したものです。それによると、生活への満足度は、男性よりも女性のほうが高く、低年齢の人よりも高齢の人のほうが高いことがわかります。

★　★　★

　「経済的なゆたかさ」という言葉があります。お金がたくさんあって、ほしいものが買えて、生活にこまることがないなら、それはゆたかといえるかもしれません。しかし、健康でなかったり、家族や友だちとの仲がよくなかったり、進学や就職がうまくいかなかったりしたら、経済的にゆたかであっても、幸福だとは感じないかもしれません。

　わたしたちは、経済的な面だけでなく、人とのつながりや連帯感、安心・安全、健康、住居、仕事、趣味、周囲の環境など、さまざまな面を総合して、ゆたかさや幸福を感じているのでしょう。

世界幸福度ランキング 2023

順位	国名
1	フィンランド
2	デンマーク
3	アイスランド
4	イスラエル
5	オランダ
6	スウェーデン
7	ノルウェー
8	スイス
9	ルクセンブルク
10	ニュージーランド
11	オーストリア
12	オーストラリア
13	カナダ
14	アイルランド
15	アメリカ
45	セルビア
46	キプロス
47	日 本
48	クロアチア
49	ブラジル
50	エルサルバドル

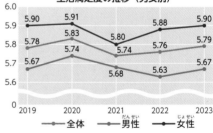

生活満足度の推移（男女別）

全体　男性　女性

	2019	2020	2021	2022	2023
女性	5.90	5.91	5.80	5.88	5.90
全体	5.78	5.83	5.74	5.76	5.79
男性	5.67	5.74	5.68	5.63	5.67

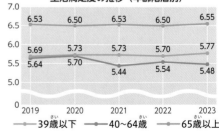

生活満足度の推移（年齢階層別）

39歳以下　40〜64歳　65歳以上

	2019	2020	2021	2022	2023
65歳以上	6.53	6.50	6.53	6.50	6.55
39歳以下	5.69	5.73	5.73	5.70	5.77
40〜64歳	5.64	5.70	5.44	5.54	5.48

※1 「World Happiness Report（世界幸福度報告書）2023」による。
※2 「満足度・生活の質に関する調査報告書2023」による。

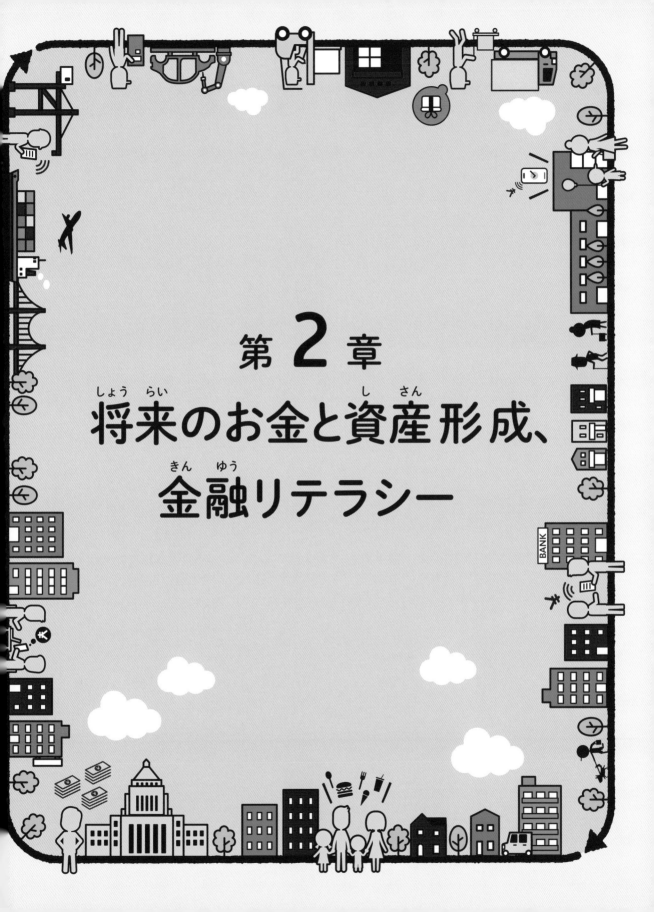

第2章
将来のお金と資産形成、金融リテラシー

ライフステージと必要な資金

人生では大きなお金がかかるイベントがある

人生のイベントって、なんだろう?

わたしたち人間が生きつづけるための活動を生活といい、生まれてから死ぬまでの生活の連続が人生（一生）です。人生は人によってちがいますが、ライフステージには、多くの人に共通するライフイベント（人生におけるできごと）がいくつかあります。

たとえば、教育を受ける就学や職業につく就職、ほかに結婚、出産、住宅購入、退職などです。もちろん、希望しなければ結婚も住宅購入もする必要はありませんが、就学や就職などは、ほとんどの人に共通するイベントといえるでしょう。各イベントには、多くのお金がかかります。経験する内容は人によってちがったとしても、そのための資金を前もってたくわえておく必要があります。

今は「人生100年」といわれる時代です。自分の人生にかかるお金のことを、じっくり考えてみましょう。

ライフイベントと費用（一例）

※金額は目安。年代や家の経済状況などによってちがう。

0歳

18歳 成人する

20歳 就職する
家賃、生活費
国民年金の支払い開始

結婚する
結婚資金
300万円

住宅を購入する
住宅購入資金
4000万円

40歳

子どもが生まれる
（出産・子育て1人あたり）
出産費用 60万円
教育資金 800万円〜

30歳

自動車を購入する
購入資金 250万円

一生のうちに必要なお金は、どれくらい？

子どもの教育資金、家やマンションの住宅購入資金、高齢になってからの老後資金は、人生の三大資金（三大費用）といわれることがあります。

子どもが生まれた場合、親（保護者）はその子どもを養育する義務があります。また、義務教育である小学校6年間と中学校3年間、親は、子どもに教育を受けさせなければいけません。子どもが大人になるまでには、毎日お金がかかります。

家やマンションを購入するためには、大きな資金を用意しなければいけません。住宅ローンを利用し、分割して支払うとしても、毎月の支払いが発生します。

いずれは高齢になって働けなくなります。収入がへっても、生活するための資金は必要です。年金などの社会保障はありますが、それ以外のお金を用意しておく必要があるでしょう。

ほかに病気や災害など、緊急事態にそなえて、お金をたくわえておく必要もあります。人によってちがいますが、一生のうちで必要な資金は2〜3億円にもなるといわれています。

子どもが成人・就職・結婚する
子どもの結婚資金（保護者の負担）
160〜200万円

50歳

70歳

配偶者※1の世話
介護費用

60歳

退職後の生活
夫婦2人の老後の生活費
月30万円

子どもに財産をのこす
遺産相続

80歳　　**90歳**　　**100歳**

1 夫婦の一方から見た他方。夫からは妻、妻からは夫のこと。

将来のためのお金の管理

自立した社会人になるためにお金について学ぶ

金融リテラシーって、どういうこと?

リテラシーとは、「読み書きする能力」を意味します。金融リテラシーといった場合は、経済的に自立し、よりよい生活を送るために必要なお金に関する知識や判断力のことをいいます。また、金融について理解し、お金を適切に活用する能力ということもできるでしょう。

わたしたちは、成長するにつれて、さまざまなライフイベントや思いがけないトラブルを経験し、それぞれでお金が必要になります。そのときに正しい判断をするためには、今のうちから金融リテラシーを身につけておくことが大事です。身近なお金であるおこづかいやお年玉などの使い方からはじめて、預金の仕方、お金のふやし方などについて考えてみましょう。

✔ 収入と支出の管理を習慣にする
（家計管理）

金融リテラシーの基本は、毎月の収支（収入と支出）の管理です。収入がいくらあって、支出がいくらあったかを把握すること、つまりお金の管理を習慣づけることが大事です。おこづかい帳や家計簿、またはそれらのアプリを使って管理するとよいでしょう。

銀行に預金があれば、収支がマイナス（赤字）の月があっても引き出して使えます。しかし、赤字がつづけば、預金はなくなってしまいます。使うお金を節約したり、購入をあきらめたりして、収支を適切に管理します。プラス（黒字）の月には銀行に預金します。

✔ ライフプランと資金を考える
（生活設計）

今後の人生を見通して、ライフプラン（人生設計）を立てます。たとえば、大学に進学したいか、どういう仕事につきたいか、何歳までに結婚したいか、子どもは何人ほしいか、いつまでに自動車や家をもちたいかなど、ライフイベントにあわせて、計画的に資金を用意する必要があります。今はまだ、具体的でなくても、およそのプランでかまいません。

仕事については、インターネットで調べたり、職業体験に参加したりして、仕事の内容や働くことの意味を理解しておくとよいでしょう。

✔ 金融・経済の基礎知識を身につけ、適切な金融商品を選ぶ（貯蓄と投資）

金融商品とは、金融機関があつかう商品のことで、預貯金や株式、投資信託、公債、保険などがあります。選択や対応をあやまれば、お金がへってしまうことがあるので、取引をするには金融・経済の基礎知識が必要です。

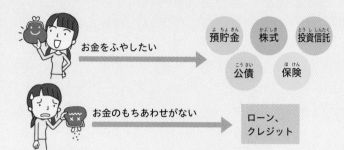

お金をふやしたい → 預貯金　株式　投資信託　公債　保険

お金のもちあわせがない → ローン、クレジット

金融取引

金融商品を取引するときには、法律などのルールにもとづいて契約をかわします。未成年が契約するには親権者（親など）の同意が必要ですが、18歳以上の大人（成年）は、自分の判断だけで契約ができます。そのため、契約書の内容に問題がないか、相手を信用してよいか、相手に悪意がないかなど、しっかりみきわめて判断しなくてはいけません。

金融と経済の基礎知識

インフレやデフレ、為替レート、金利、リスクとリターン、金融取引にかかわる費用や手数料など、金融と経済の基礎知識を身につけている必要があります。

保険商品

病気や事故、災害などのトラブルに対処するためにそなえておくのが保険商品です。これは民間保険のことで、公的保険をおぎなうために希望者が加入します。保険料の支出はありますが、いざというときに大きな支出をさけられます。

ローンとクレジット

ローンもクレジットも、負債をかかえる契約です。ローンは、住宅ローンや自動車ローンなど、比較的金額の大きいものの購入で利用されます。金利がかかるので、購入金額よりも多くの支払いが必要です。通常の買い物では、クレジットカードがよく利用されます。買い物のしすぎや、無計画な利用には注意が必要です。

資産形成商品

資産形成とは、資産をふやすために預貯金や株式、投資信託、公債、保険などの金融商品を利用して、貯蓄や投資をおこなうことです。効率的に資産をふやせるように商品を組み合わせて資産形成をめざします。ただし、リターンをえようとして、逆に損失をまねくなど、金融商品にはリスクがともないます。大きなリターンをみこめる商品ほど、リスクが高いことをわすれてはいけません。

✔ 専門家の意見に耳をかたむけて活用する

株式や投資信託、保険などの金融商品を利用するときには、専門家の知識や情報を活用することが大事です。こまったときは自分だけで判断せず、金融機関のウェブサイトで問い合わせをしたり、専門家に相談したり、相談窓口で直接たずねてみたりしてもよいでしょう。

商品の購入・契約とトラブル

必要なものを正しい判断のもとで購入する

買い物は取り消せないの？

わたしたち消費者が買い物をするときは、商品の情報をもとに類似商品などと比較して、納得したものを選択しています。家計の収入にも、おこづかいやお年玉でもらったお金にもかぎりがあるので、適切に使わなければいけません。ライフイベントでの高額な買い物だけでなく、毎日の食品や日用品の買い物でも、計画的で慎重な行動が必要です。

たとえば、ケーキを購入することを考えてみましょう。買う側の客が購入を申し込み、売る側の店が承諾して、おたがいの意思が合致（合意）すれば契約が成立します。客には、商品を受け取る権利と代金を支払う義務が生じ、店には、代金を受け取る権利と商品をわたす義務が生じます。

つまり、あとでケーキをいらないと思っても、すでに法律上の売買契約が成立しているので、原則として取り消すことはできません[1]。金額の大きな取引などでは契約書をかわすことがありますが、口約束でも契約は成立します。

※1　店と客の両者が契約取消に合意するなど、取り消せる場合もある。また、未成年者（18歳未満）による親権者などの合意のない契約は取り消せるが、おこづかいで買える程度の金額の場合は取り消せない。

|||||商品の選択や購入のための手順|||||

1 買い物の必要性や目的を考える

▶なんのためにお金を使うか。

▶本当に必要なものか。

▶同じようなものをもっていないか。

▶購入する以外の方法はないか。
新品でなくてもよいなら、リユース（再使用・再利用）の商品も検討する。

2 買い物の計画を立てる

▶どんなものが、いくつ必要か。

▶どうやって手に入れるか。

▶予算はいくらか。

▶支払いにむりはないか。

▶いつまでに買う予定か。

3 商品情報を調べて購入を決定する

▶商品情報をえる。
店頭（実物）、インターネット（SNSなど）、テレビCM、家族・友人の話など。

▶機能や価格を比較する。

▶表示マークを確認する。
品質表示や安全性をしめすマーク、ごみの分別や環境のためのマークなど。

どういう消費者であるのがいいの？

契約は、買う側と売る側の両者の意思にもとづいて結ばれます（契約自由の原則）。消費者には、商品が気にいらなければ、契約を結ばない選択もあります。納得しなければ商品を買わないので、消費者が強い立場にあるように感じます。しかし、商品の情報は、買う側と売る側がひとしくもっているわけではありません。そのため、消費者は、まちがった情報をもとに購入してしまうこともあります。

売る側が意図的にうその情報を伝えたとしても、それをうそだと見破るのは困難で、消費者が被害を受ける消費者トラブルがおこることがあります。食品では製造日や生産地の偽装、住宅の建設では手抜き工事や欠陥工法、ほかに訪問販売の悪質商法、金融商品の投資詐欺、ネットショッピング詐欺などもあります。

消費者には、商品に対して「知る権利」があります。商品の機能や価格などを十分に理解し、少しでも疑問があれば、売る側に問い合わせましょう。適切に対応すれば、消費者トラブルをふせぎ、被害をさけられることもあります。疑わしいさそいに対しては、はっきりことわる態度も必要です。

日本では、消費者を守るために消費者契約法や消費者基本法が制定されているほか、企業の責任については製造物責任法（PL法）が制定されています。また、相談窓口として国民生活センターや消費生活センターも設置され、それらをとりまとめる機関として、消費者庁が設置されています。

●契約などでの消費者トラブルの相談窓口

トラブルなど、こまったことがあったら、1人で悩まずに問い合わせてみましょう。

	金融庁 金融サービス利用者相談室	消費者ホットライン	警察相談専用電話
電話番号	0570-016811	188	♯9110

※つながらない場合やIP電話からかける人のために、都道府県別や市区町村別の電話番号がもうけられている。
相談できる時間は、それぞれで決められている。

4　選んだ商品を実際に購入する

▶ 調べた情報をもとに商品を購入する。
▶ 支払い方法を決めて代金を支払う。
▶ 商品を受け取る。
　なるべくマイバッグを用意し、レジ袋や不要な包装はことわる。
▶ かならずレシートを受け取る。
　おこづかい帳や家計簿に記録する。

5　購入した商品を利用する

▶ 説明にしたがって正しく使用する。
　説明書をしっかり読む。
▶ むだなく、最後まで使いきる。
▶ ていねいに使い、なるべく長持ちさせる。
　使用期限、賞味期限などに注意する。

6　買い方についてふりかえる

▶ 目的を達したか、満足できたか。
▶ 計画的に最適な選択ができたか。
▶ むだなく、適切に活用できたか。
▶ 環境にあたえる影響はどうか。
▶ 反省点はないか。
▶ つぎの購入にいかせるか。

貯蓄と投資による資産形成

金融商品の運用によって資産をふやす

働かないで資産や所得をふやす方法があるの?

政府は、2023年を「資産所得倍増元年」と位置づけ、国民の資産や所得をふやそうとする政策を打ちだしました。これは「たくさん働いて所得（収入）をふやしましょう」というものではありません。貯蓄が中心だった家計の金融資産を投資につなげ、それによって資産や所得をふやそうとするものです。つまり、投資でお金をかせごうとする政策です。

日本全体の家計の金融資産は、2023年現在で約2100兆円以上あると考えられ、そのほとんどはリターンがない現金や、リターンのきわめて小さい預貯金（預金と貯金）として保有されています。リターンとは、株式投資などの資産運用によってえられる利益（もうけ）のこと

です。現金や預貯金をリターンの大きな投資にむけさせれば、家計の金融資産が所得をつくりだし、同時に日本の企業の成長や企業価値の向上にもつながるというのが政府の考えです。

投資は、利益をえる目的で金融商品などを購入することです。一方の貯蓄は、家計で消費されなかった残りで、将来のためにたくわえておくお金です。金融資産である貯蓄の多くが有効に使われていないので、一部を投資にむけることで有効に使い、もっとお金をふやしましょうというのが政府の方針です。とくに、それまで投資経験のなかった人たちの預貯金を金融商品にふりむけさせ、資産形成や資産運用にみちびこうとしているのです。

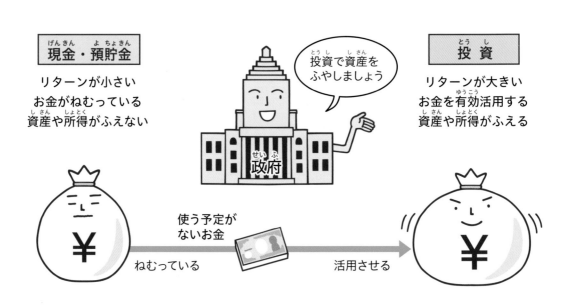

現金・預貯金
リターンが小さい
お金がねむっている
資産や所得がふえない

投資で資産をふやしましょう

政府

投資
リターンが大きい
お金を有効活用する
資産や所得がふえる

使う予定がないお金

ねむっている　　活用させる

資産形成って、どういうこと？

経済的に価値のある現金や預貯金、有価証券（株式や国債）、不動産（土地や建物）などを資産といいます。資産のうち、いつでも引き出せる預貯金と、証券会社をとおして売買しやすい株式は、どちらも流動性が高いといえます。一方、土地や建物は、不動産会社などをとおして売買できますが、すぐに取引が成立するものではないので、流動性が低いといえます。流動性とは、お金への変換のしやすさともいえます。

資産をきずいていくことを資産形成といいます。学生は多くの資産をもっていませんが、働いて家計の残額を貯蓄にまわせるようになれば、しだいに資産がふえていきます。計画的に資産をふやすことが資産形成につながります。

また、資産を活用してふやすことを資産運用といい、リターンで資産をふやすために購入する商品を金融商品といいます。たとえば、貯蓄を使って企業の株式に投資し、配当金や売却益をえて資産をふやすことがあてはまります。

現金で保有していれば、その価値は額面金額のままです。預貯金では、金利を受け取ることによってわずかに金額がふえます。いずれの場合も、基本的には元本（もとのお金）がへることはありません。

一方、資産運用では、元本保証※1のない金融商品への投資によって資産をふやしていくことになります。うまく運用できれば購入金額以上

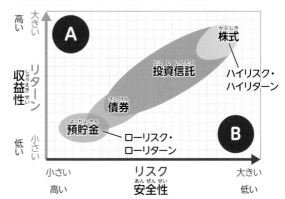

金融商品のリスクとリターンの関係（イメージ）

リスクとリターンは比例し、収益性と安全性は反比例する。大きなリターンがみこめて、収益性が高い金融商品は、大きなリスクがあって、安全性は低くなる。ＡやＢにあてはまる商品はない。

になりますが、失敗した場合には購入金額を下まわることがあります。これを元本割れといいます。極端な例でいえば、株式投資をした企業が倒産した場合、その企業の株式の価値はゼロになります。金融商品では、大きなリターンをのぞめば、大きなリスクをかかえることになります。一般に、リスクの小さい金融商品ほど、リターンも小さいといえます（ローリスク・ローリターンという）。逆に、リスクが大きい金融商品ほど、リターンも大きくなります（ハイリスク・ハイリターンという）。

このように流動性や収益性、安全性をみきわめながら、バランスよく金融商品を組み合わせて資産をふやしていくことが大事です。

※1 投資した元本がへらないこと。

考えよう！
調べよう！

✅ 政府が国民に資産運用をすすめる理由を考えてみよう！

✅ 資産運用について、家族がどう考えているか調べてみよう！

第2章　将来のお金と資産形成、金融リテラシー

資産形成の基本

金融商品をうまく組み合わせて資産をふやす

安全にためる？　積極的にふやす？

　資産形成を考えるときには、まず、自分の貯蓄がどれくらいあるかを計算します。そのうち、すでに使い道が決まっている金額をのぞき、残ったお金の運用方法を考えます。

　資産形成のためには、確実にためることを重視した預貯金と、運用してお金をふやすことを重視した投資をうまく組み合わせることが大事です。貯蓄額は人によってちがうので、「何割を預貯金にする」「何万円を投資にまわす」というような決まりはありません。

　資産運用の考え方として分散投資があります。これは、複数の金融商品や複数銘柄の株式などに資金を投入することで、リスクを分散して投資する方法です。もし、資金のすべてを使って1つの銘柄の株式を購入した場合、それが大きく値下がりしたら、資産が大きくへってしまい

ます。そのようなリスクをさけるために、いくつかの金融商品を組み合わせて投資するわけです。また、リターンの大きい金融商品だけに投資するのではなく、リターンが小さくても確実な預貯金も組み合わせて資産を運用します。

　政府は所得や資産をふやす政策をすすめていますが、すぐにふやせるものではありません。へってしまうリスクに注意しながら、長い目で資産をふやす方法を考えましょう。

　以降は、金融商品のうち、預貯金、株式、債券、投資信託について解説していきます。

	預貯金	投資
おもな金融商品	普通預金・定期預金など	株式・債券・投資信託など
利用目的	確実・安全にためる	長い目でふやす
元本保証	ある（低リスク）	ない（高リスク）
流動性	すぐに換金が可能	換金に日数がかかることがある

貯蓄額を計算して、流動性や収益性、安全性などを考慮して、どう運用するかを判断する。Bを確保し、Aを安全に運用する。Cを投資で運用するが、全額を投資するという意味ではない。

- 安全に運用する　緊急時にも対応できるようにする（A）
- 投資に運用できる（C）
- 使い道が決まっている（B）

貯蓄額

リスクを分散させる投資方法

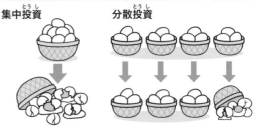

集中投資　　分散投資

集中させると、一度にすべてがこわれてしまう。分散させればすべてはこわれないので、安全性がたもてる。

金融商品① 預貯金

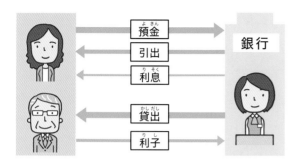

収益性	安全性	流動性
★	★★★★★	★★★★
定期的に利息を受け取れるが、金利が低いために収益性も低い。	元本が保証されている。金融機関が破綻した場合でも、1000万円までの元本とその利息が保護されている。	普通預金であれば、銀行やコンビニのATMで自由に引き出せる。定期預金も解約は可能。

　預貯金は、金融機関に預けている預金と貯金のことです。いつでも自由に引き出せる普通預金や、預入期間がさだめられている定期預金などがあります。

　預貯金の利点は、元本保証という高い安全性と、いつでも引き出せる高い流動性にあります。しかし、収益性は非常に低く、ローリスク・ローリターンの金融商品といえます。安全で緊急時にすぐ対応できるので、資産の一部は預貯金として保有しておくとよいでしょう。

　お金を預けると、金利にしたがって定期的に利息（利子）を受け取れます。ところが、都市銀行の定期預金の金利は0.002％（2023年末現在）程度で、100万円を1年間預けた場合の利息はわずか20円です。仮に物価が年2～3％上昇するとしたら、実質的には預貯金の資産価値は減少してしまいます。

　過去には定期預金が約6％、普通預金でも約2％という高金利の時代がありました。それくらい高い金利の場合は、預貯金が有効な投資手段になりましたが、現在の金利では資産価値が減少します。

金利の単利と複利とは？

　金利は、お金を貸し借りした場合に支払う利子（受け取る利息）の元金に対する割合のことです。通常は1年の利率（年利）であらわします。

　たとえば、金利が5％のときに100万円を1年間預けた場合、5万円の利息をもらえます。2年めも100万円を預ければ、5万円の利息をもらえます。3年め以降も毎年、元金に対して利息を受け取るような計算方法を単利（単利法）といいます。

　一方、1年めの利息を2年めの元金に組みこみ、2年めの利息を3年めの元金に組みこむような計算方法を複利（複利法）といいます。複利では元

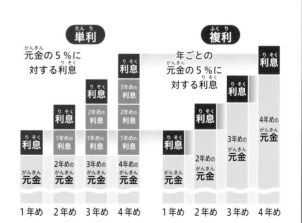

金に利息をくわえて計算するので、利息が利息をうむようになります。

収益性	安全性	流動性
★★★★	★★	★★★★
販売価格と購入価格の差から手数料を引いた金額が譲渡益になる。企業の利益は配当金として株主に分配される。商品券などの株主優待が受けられる銘柄もある。	資産がへるリスクがある。企業の業績悪化や経営破綻、倒産、風評被害などによって株価が大きく下がる可能性がある。	株式市場で換金しやすい。売却のタイミングはむずかしい。

株式への投資は、成功した場合の高い収益性が利点です。比較的換金しやすいために、流動性は高いほうです。しかし、安全性は低く、ハイリスク・ハイリターンの金融商品です。

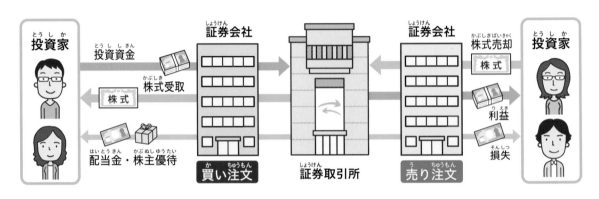

投資家　投資資金　証券会社　証券会社　株式売却　投資家
株式受取　株式
株式
配当金・株主優待　買い注文　証券取引所　売り注文　利益　損失

株式投資で売買できる株式は、証券取引所に上場している約3800の銘柄※1です。

投資の目的の1つは、購入した株式の価格が値上がりしたときにえられる利益（譲渡益）です。ほかに、株式を期日まで保有していると、企業の業績によってくばられる配当金や、製品紹介やサービスの一環でくばられる株主優待なども受け取れます。ただし、値下がりしたときには損失（譲渡損）が発生し、資産がへることになります。

株式投資にはリスクがともなうので、複数の銘柄に資金をふりわける分散投資が重要です。利益がえられるかどうかは、銘柄の選択や売買のタイミングで決まりますが、短期の譲渡益を追い求めず、配当金や株主優待などもふくめ、長い目で利益になるように考える長期投資も有効です。企業の業績や方針、信頼性、将来性、知名度、社会貢献活動などの情報を自分なりに

株価下落につながるさまざまなリスク

外国為替相場　経済成長　天候や自然災害
景気　国際情勢
政策・政情　金利

分析し、保護者に相談のうえ、余裕のある資金で株式を購入してみるのもよいでしょう。

ただし、株式投資の世界には、投資を職業にしている投資家や機関投資家※2がいます。そういったプロたちと、同じルールで勝負しなければならないことをわすれてはいけません。

※1　株式などの有価証券の名称。
※2　保険会社や金融機関などの大口投資家。

金融商品③ 債券

政府や企業が、広く一般から資金を調達する場合に発行する証券が債券です。そのうち、国が発行するものを国債、地方公共団体が発行するものを地方債、企業が発行するものを社債とよびます。債券では、満期日まで保有していれば、償還（返済のこと）となって、額面金額が支払われます。また、償還するまでのあいだ、定期的に利子が支払われます。

ここでは、個人が一般に購入できる個人向け国債について説明しましょう。

個人向け国債は、変動金利10年型と、固定金利5年型・3年型の3種類があります。固定金利の場合は、購入時の金利に変動がないため、将来の投資結果が見通せます。変動金利の場合は、半年ごとに金利が見直されて変動するため、受取利子に増減があります。ただし、金利には下限があるので、それを下まわることはありません。いずれの商品も、元本は保証されていて、半年ごとに利子を受け取れます。

個人向け国債は、政府が発行しているので、安全性は非常に高いといえます。1万円から購入できて、だれでもはじめやすい、ローリス

▶ 個人向け国債の場合

収益性	安全性	流動性
★★★ 発行条件による	★★★★★	★★
最低金利の0.05％は保証されている。預貯金よりは高いが、低金利がつづく現状では、高いとはいえない。	元本が保証されている。国が責任をもつので、きわめて安全。	市場で流通していない。1年経過しないと中途換金ができない。

	変動10年型	固定5年型	固定3年型
金利タイプ	変動金利	固定金利	
満期	10年	5年	3年
特徴	半年ごとに利率が変動。受取利子に増減がある。	満期まで利率が固定。購入時に投資結果がわかる。	
金利の下限	0.05％（年率）		
利子の受取	半年ごとに年2回		
購入単価	最低1万円から1万円単位（上限なし）		
償還金額	額面100円につき100円		
中途換金	1年経過後、1万円単位で可能（減額あり）		
発行月	毎月（年12回）		

ク・ローリターンの金融商品といえるでしょう。国債の募集・発行は毎月おこなわれ、金融機関のホームページで確認できます。

収益性は預貯金よりも高いといえますが、現在の金利[3]では、物価上昇を考えると、資産価値は目減りするといえるでしょう。1年を経過すれば換金できますが、株式のような市場がないので、流動性は高いとはいえません。

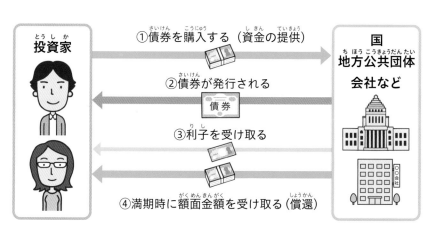

① 債券を購入する（資金の提供）
投資家 → 国 地方公共団体 会社など

② 債券が発行される
債券

③ 利子を受け取る

④ 満期時に額面金額を受け取る（償還）

※3 2024年1月発行の固定5年で年率0.18％となっている。

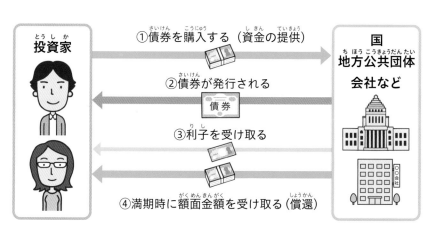

金融商品 ④ 投資信託

収益性	安全性	流動性
★★★ 商品による	★★★ 商品による	★★★★
一般に債券よりは高く、株式よりは低いといわれる。	元本保証はない。一般に株式よりは高く、債券よりは低いといわれる。	換金の申し込みから数日で支払われる。

複数の投資家から集めたお金を資産運用の専門家（ファンドマネージャー）がまとめて投資・運用し、それによってえた利益を投資家に分配する金融商品です。

投資信託は、株式や債券、不動産、金融派生商品などの投資対象を組み合わせたパッケージとして販売され、安全性を重視したものや、高い収益性をめざすものまで、さまざまな商品があります。商品については情報開示（ディスクロージャー）が義務づけられていて、目論見書や運用報告書を見れば、投資対象や過去の運用実績、予想されるリスク、手数料などが確認できます。

投資信託の仕組みは、下の図のように複雑です。運用会社は、投資家の資金の運用を信託銀行に指図し、運用の成果が分配金や償還金とし

て投資家に支払われます。商品によってちがいますが、購入時には販売手数料がかかります。ほかに信託報酬や売却時、中途解約時に手数料などがかかる場合もあります。

購入してしまえば投資のプロが運用するので、投資家には高度な知識は必要ありません。また、1万円程度から少額投資ができることもあって、投資の初心者に人気があります。元本保証はなく、収益性や安全性は商品によってちがっていて、およそ債券と株式のあいだに位置づけられます。株式ではリスクが大きく、債券ではリターンが小さいと考えるなら、少額を投資信託で運用してみてもよいでしょう。

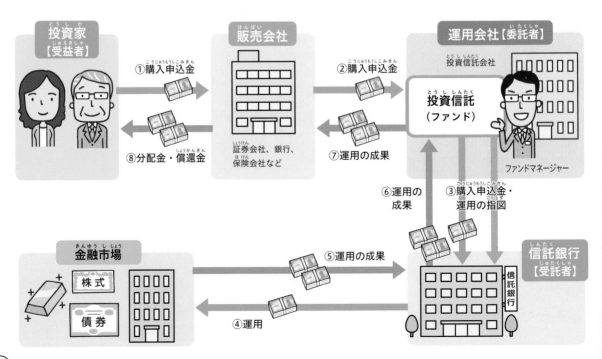

パパが借金をしてはいけないと言うんだ

なぜ、いけないんだろう？

お金を借りることの意味を知っておこう！

お金を借りることを借金といいます。借金は返済することを約束してお金を借りることで、契約の一種です。借金をすると、負債をかかえることになります。負債は、返済する義務を負うことです。当然ですが、お金を借りたら、かならず返さなくてはいけません。

家族からお金を借りたら、借りた金額（元本）を返せばすみます。しかし、金融機関からお金を借りた場合、元本だけでなく、約束した金利にしたがって利子もくわえて返済する必要があります。たとえば、年利15％で10万円の融資を受けた場合、1年間で1万5000円もの利子を、元本の10万円にくわえて返済しなければならないのです。

借金は、できればしないほうがいいのですが、ライフステージにおいては必要になることもあります。たとえば、自動車や住宅を購入するために利用するローンです。ローンは、金融機関などがお金を融資（貸付）する商品の総称です。お客さんとしては、借金と同じ意味になります。利用するときには、自分の収入や返済能力をみきわめ、返済計画をしっかり立てます。

大人になると、多くの人がクレジットカードで買い物をするようになります。クレジットは、買い物

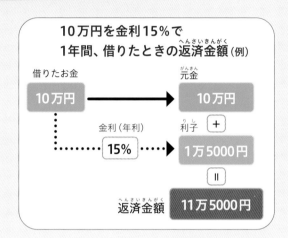

10万円を金利15％で1年間、借りたときの返済金額（例）

借りたお金　10万円 → 元金　10万円

金利（年利）15％ → 利子 ＋ 1万5000円

＝

返済金額　11万5000円

の代金などを後払いできるサービスです。借金とは少しちがいますが、負債をかかえるという意味では近いといえるでしょう。利用者が代金などを支払えなくなると、クレジットカードの利用が停止されたり、損害賠償を求められたりします。そのため、計画的に利用することが大事です。

クレジットカードにはキャッシングの枠がもうけられていて、現金で数十万円が引き出せます。手軽に利用できますが、これはクレジットではなく借金なので、借りた金額のほか、利子も支払う必要があります。

友だちとのお金の貸し借りはしない

他人にお金を貸した場合、約束の期日までに返してくれなくても「返してよ」とは言いにくいものです。それがしこりとなって、友だち関係がくずれてしまうことがあります。お金の貸し借りがもとで、いじめや仲間はずれなどに発展することもあります。

友だちとのお金の貸し借りは、ぜったいにしないように気をつけましょう。友だちと遊ぶときには、費用は各自が支払うようにして、支払えない遊びはやめましょう。

投資家にやさしい非課税制度

税金を引かれずに将来の資産をふやす

NISA（少額投資非課税制度）

NISAは、日本の少額投資非課税制度の愛称で、個人の資産形成をすすめるためにもうけられた税制優遇制度です。

株式や投資信託などの金融商品に投資をした場合、売買によってうまれた利益や受け取った配当金などに対して、通常は約20%という高い税金がかかります。

それにくらべて、NISA口座で金融商品を購入して運用した場合には、毎年、一定金額の範囲内であれば、利益や配当金が非課税になります。非課税は税金がかからないということなので、NISAでは、投資の運用益の全額が残ります。投資によって資産形成をめざす人にとっては、優先して利用すべき制度といえるでしょう。

NISAを利用するためには、証券会社や銀行、郵便局などに専用のNISA口座を開設する必要

があります。対象となる人は18歳以上の日本在住者で、1人につき1つの口座のみ開設できます。その口座を使って投資信託や上場株式を購入しますが、非上場の株式や債券には利用できません。

NISAの投資枠は2種類あって、非課税になる年間投資額は合計360万円です。また、NISA口座で購入した金融商品は、いつでも売却や解約ができ、自由にお金を引き出すことができます。非課税になる期間は無期限となっているので、売却も保有も自由ということです。

なお、運用益があった場合の税金は非課税になりますが、損失が発生した場合に税金を減額してくれるわけではありません。また、運用益が出たからといって、通常の口座を、途中でNISA口座に変更することもできません。

通常の投資	NISAを利用した投資
利益	利益
税金約20%	税金0円
残り約80%受け取れる	100%すべて受け取れる
税金	

▶ NISAとiDeCoのちがい

	NISA（つみたて投資枠）	NISA（成長投資枠）	iDeCo
対象年齢	1月1日時点で18歳以上の日本在住者		基本的に20〜65歳までの国民年金被保険者
年間投資上限額	120万円	240万円	14万4000円〜81万6000円（職業や加入している年金制度によってちがう）
	あわせて360万円（制度の併用可能）		
税制上の利点（非課税保有限度額）	生涯で最大1800万円の保有まで非課税（成長投資枠は最大1200万円まで）		拠出時の掛金が全額所得控除 運用益が非課税 受取時の退職所得や公的年金などが控除
非課税期間	無期限（恒久的）		加入から65歳まで（10年間延長可能）※1
購入方法	積立投資のみ	一括（スポット）投資または積立投資	毎月積立
途中での換金・引き出し	いつでも可能（非課税保有限度額は翌年以降に再利用が可能）		原則として60歳まで不可
運用できる商品	条件をみたした投資信託	上場株式・投資信託など	定期預金・iDeCo用の投資信託・保険商品など

※1 加入条件などによってちがう。

iDeCo（個人型確定拠出年金）

iDeCoは、日本の個人型確定拠出年金の愛称で、個人の資産形成をすすめるためにもうけられた年金制度です。

日本の公的年金制度は、現役世代が高齢者をささえる仕組みになっていて、少子高齢化がすすむ現状では、制度が維持できなくなるおそれがあります。老後は、だれにもおとずれるライフステージです。iDeCoは、公的年金制度をおぎない、将来の不安にそなえるための私的年金と位置づけられています。

iDeCoの利点は税制面です。掛金の全額が所得から控除※2され、利益や利子、配当金などの運用益が非課税となるなど、納税額がふえないような仕組みになっています。

対象となるのは、20〜65歳までの国民年金被保険者で、1人につき1つの口座のみ開設で

きます。おさめた掛金で金融商品を選び、自分自身で運用するため、運用の結果によって年金の給付額が決まります。最終的には、掛金と運用益の総額を年金や一時金として受け取ることになります。

投資できる上限額はNISAほど大きくなく、加入している年金制度などによってちがいます。NISAと同様に税金面で優遇されていますが、NISAが自由に引き出せるのに対し、iDeCoは原則として60歳まで引き出せません。それは、iDeCoのおもな目的が、老後資金をそなえることだからといえるでしょう。

iDeCoとNISAの2つの制度は併用できるので、ライフステージや将来設計にあわせて活用されています。

※2 所得からのぞくこと。翌年の住民税が軽減される。

さくいん

知っておきたい お金と経済〈全2巻〉

B5変型判／各48ページ
NDC338／図書館用堅牢製本

お金の役割と金融機関
金融の仕組みとリテラシー

監修 泉 美智子（いずみ みちこ）

子どもの環境・経済教育研究室代表。全国各地で「女性のためのコーヒータイムの経済学」や「エシカル・キッズ・ラボ」「親子経済教室」など講演活動の傍らテレビ、ラジオ出演も。環境、経済絵本、児童書の執筆多数。

知っておきたい お金と経済
金融の仕組みとリテラシー

2024年3月 初版発行

監修　泉　美智子
発行所　株式会社　金の星社
　　　　〒111-0056　東京都台東区小島 1-4-3
　　　　電話　03-3861-1861（代表）
　　　　FAX　03-3861-1507
　　　　振替　00100-0-64678
　　　　ホームページ　https://www.kinnohoshi.co.jp
印刷　広研印刷　株式会社
製本　株式会社　難波製本

編集
ワン・ステップ
表紙・フォーマットデザイン
Kamigraph Design

イラスト
川下　隆
マンガ
大井　知美
図版作成
中原　武士

NDC338　48p.　24.7cm　ISBN978-4-323-06159-7
©Takashi Kawashita, Tomomi Ohi, Takeshi Nakahara, ONESTEP inc., 2024
Published by KIN-NO-HOSHI SHA, Tokyo, Japan.

乱丁落丁本は、ご面倒ですが、小社販売部宛てにご送付ください。
送料小社負担にてお取り替えいたします。

よりよい本づくりをめざして

お客様のご意見・ご感想をうかがいたく、読者アンケートにご協力ください。ご希望の方にはバースデーカードをお届けいたします。

アンケート
ご入力画面はこちら！

https://www.kinnohoshi.co.jp